INVENTAIRE

I0111790

Y

Yf 12253

LETTRE

A M. DE VOLTAIRE,

SUR LES

OPÉRA PHILOSOPHI-COMIQUES.

Où l'on trouve la critique de
LUCILE, Comédie en un acte
& en vers, mêlée d'Ariettes.

Le comte de La Tourailles

A AMSTERDAM;

Et se trouve à Paris,

Chez DESNOS, Libraire, rue S. Jacques,
au-dessus de la Fontaine S. Severain, au Globe,

M. DCC. LXIX.

Z 2284
Z D 26784 2

LETTRE

A M. DE VOLTAIRE,

SUR LES

OPÉRA PHILOSOPHI - COMIQUES.

Vous devez être bien satisfait, Monsieur ; la Philosophie fait tous les jours de nouveaux progrès. Depuis que votre heureux génie a allumé, dans le sanctuaire de Ferney, ce flambeau de l'humanité que Socrate fit autrefois descendre du ciel, il n'a cessé de multiplier & d'étendre sa lumiere ; on peut même dire qu'il en est venu jusqu'à faire des ravages. Vous vous êtes efforcé d'éclairer les hommes ; des maximes fortes , des

A

diſcuſſions profondes, des ſentimens
généreux, des plaiſanteries ingénieu-
ſes, ont diſſipé l'erreur, fait éclore
la vérité, établi cette morale honnête & naturelle qu'on ſentoit dans
le cœur, avant que vous euſſiez parlé,
mais qui n'attendoit, pour ſe développer, que vos ſublimes leçons. La
Poëſie, l'Hiſtoire, la critique, toutes
les Sciences, en un mot, ont pris
ſous votre pinceau ces ſages couleurs
qui peignent le vrai & qui le prouvent. Mais vous ne vous attendiez
pas peut-être que le Théâtre en vien-
droit un jour au point de le diſ-
puter aux écoles d'Anaxagore & de
Platon. Melpomene en chauſſant ſon
cothurne, s'eſt empreſſée auſſi de
s'affubler du manteau philoſophique,
[c'eſt une parure qui lui avoit manqué juſqu'à vous], & ſous ce harnois,
qui ne lui ſied pas mal, à ce qu'on

dit, elle a débité des sentences, lancé des traits vigoureux contre la stupidité du vulgaire, fait parler les héros en sages, & applaudir le parterre en fou.

La Philosophie eût pû se borner là ; cependant son activité la pousse toujours en avant, & le Théâtre Italien, l'Opéra-Comique, pour tout dire, sont devenus son Lycée favori : ainsi jugez si elle n'a pas fait bien du chemin. Il faut pourtant convenir, qu'il eût été plus à propos pour elle de garder un peu les bienséances, & de ne pas s'allier si mal adroitement à la musique, sans laquelle on n'écouteroit que froidement ses leçons, ce qui porte une atteinte considérable à sa dignité. Que voulez-vous faire ! C'est une suite inséparable du caractere des François : vous avez détruit le Fanatisme, & la Philoso-

phie en eſt devenue elle-même un.
Vous ne l'aviez pas prévu ſans doute,
Monſieur ; & je crains que cette pé-
tulance ne pouſſe juſqu'au ridicule
ce don ſi précieux de la nature & de
votre éternelle fécondité.

Quoi qu'il en ſuit, nous avons des
Opéra Philoſophi-Comiques ; on en
prend les ſujets où l'on peut, & le
Public ſe laiſſe tromper ſur ce larcin,
comme on veut. Vous avez entendu
ſans doute parler du ſermon des
Moiſſonneurs : je ſuis perſuadé que,
malgré l'enthouſiaſme de nos étour-
dis, vous avez trouvé aſſez étrange
qu'on ait réduit en Ariettes, en
Duo, &c. un trait auſſi frappant de
l'Ecriture-Sainte, que vous ſavez
beaucoup mieux appliquer. Tous les
Acteurs de cette piéce ſe tuent à y
débiter des maximes de bienfaiſan-
ce, & laiſſeroient volontiers la récol-

te, pour avoir le plaisir de discou-
rir; ce qui annonce plutôt des fai-
néans que des Philosophes. Je passe
encore cette production, parce
qu'elle a des graces qui flattent;
mais qu'on applaudisse au *Huron!*
en vérité il faut l'être soi-même. Je
ne vous parle pas de l'invention du
sujet : il est tiré de votre Roman,
dont vous savez encore mieux l'ori-
gine, sans remonter plus haut; car
tout ce qu'on invente aujourd'hui,
a une généalogie à perte de vûe.
Mais je ne puis soutenir le personnage baroque & dénué de vraisem-
blance, qu'on fait jouer à ce Huron
sur la scène. Il faut que ce soit un
pays bien froid que la Huronie,
puisque le Voyageur en est revenu
transi; pour avoir été là chercher son
Héros. Je crois qu'en voulant le
former sur nos mœurs, le Poëte a

adopté lui-même le langage du pays.
Les deux Héroïnes, quoique Fran-
çoiſes, ne valent pas mieux ; on a
bien fait de les ériger en Baſſes-
Bretonnes, car leur ſtyle ſent aſſez
le Bas-Breton. N'eſt-ce pas ſe jouer
de l'illuſion du Spectateur, & prendre chacun pour un *Gilotin*, que
d'accumuler dans le plus court eſpa-
ce, plus d'incidens que le *Cid* n'en
renferme ? On eſt revenu ſur cet ar-
ticle ; on ne loue plus que le Muſicien. Mais ce ſur quoi je ne puis me
taire, c'eſt ſur *Lucile*, qui eſt ſans
doute la ſœur du *Huron*, [je lui
trouve un air de famille qui ne me
permet pas d'en douter] *Lucile* qu'on
applaudit ſans ceſſe, & qui achevera
de faire tourner la tête au parterre
Pariſien, qui n'eſt déja que trop
ſuſceptible de tout genre de folie.

Peut-être avez-vous déja reçu,

Monfieur, cette derniere production, car l'Auteur, fi c'eft celui qu'on foupçonne, ne manque jamais d'envoyer les fiennes aux premieres têtes de l'Europe. Si cela eſt, vous en faites déja le cas qu'elle mérite, c'eſt-à-dire, que vous y avez trouvé une froide répétition d'une piéce intitulée la *Force du Sang*. Ce n'eſt pas là fon plus grand crime : ce que j'y trouve de plus infoutenable, c'eſt l'infipidité des perfonnages, & la langueur qui y régne d'un bout à l'autre. Je vais entrer là-deſſus dans quelques détails avec vous, en cas qu'on ne vous ait point envoyé cette Comédie. En voici l'analyſe : je ne la ferai pas auſſi bien que nos Journaliſtes, mais je la ferai auſſi briévement que la matiere le comporte.

C'eſt une fille qui va fe marier, qui, pendant deux minutes, ne va

point se marier, & qui, la minute
d'après, se marie.

Vous n'êtes pas content sans doute
de cet abrégé, qui cependant a son
mérite, car il peint la chose au naturel ; vous voulez, Monsieur, un
peu d'explication : je vais vous satis-
faire, mais je ne serai pas aussi diffus
que l'Auteur.

Lucile va donc se marier, comme
je vous l'ai dit ; & d'abord que fait-
elle ? elle se met à sa toilette. Rien
de plus naturel ; le Poëte entend
trop les bienséances, à ce qu'il paroît, pour la laisser marier en négli-
gé. D'ailleurs il a ses raisons, car il
faut bien que sa Femme de Chambre, *Julie*, aye occasion de lui dire,
le plus joliment du monde :

Scène I. Voici, Mademoiselle, un beau jour :

Lucile lui répond.

Ah ! Julie,
C'eſt le plus beau jour de ma vie.

Juſques-là il n'y a rien de trop. On
ne peut dire en moins de tems d'auſſi
folies choſes. *Lucile* cependant veut
faire un tour d'adreſſe ; & veut apprendre au ſpectateur qu'elle attend
ſon Pere nourricier, pour le faire
danſer à ſa noce. La Femme de
Chambre en a tant d'envie, qu'elle
le diſpenſe des formalités du veuvage, & elle veut le faire danſer
malgré qu'il en ait.

Oui, malgré ſon veuvage,
A votre noce il danſera.

Lucile n'oſe ſe le promettre, mais
elle veut au moins qu'il la regarde
danſer.

J'eſpere au moins qu'il jouira
De ma joie ; & je veux que ſon cœur La
partage.

Ah ! la bonne petite fille ! Voyez comme la Philosophie nous apprend à aimer nos Peres nourriciers, & à les faire danser au moins une fois dans leur vie. C'est attendre un peu tard ; *Lucile* auroit dû au moins s'en ressouvenir plutôt ; mais il falloit que le personnage parût, & il ne devoit se montrer qu'à la noce. Le génie philosophique arrange tout.

Que fera la future en attendant que le bonhomme arrive ? N'ayant rien de mieux à faire, elle chantera : & quoi ? ne croyez pas que ce soit *Blaise* son nourricier : elle est occupée d'autres choses : ce sera les douceurs de l'hymen. En vérité, Monsieur, on dit que cet hymen est une divinité un peu triste ; je ne l'ai jamais mieux compris que par le ton qui régne dans cette Ariette. Je la transcris pour justifier tous les époux à qui l'on reproche leur froideur.

AIR :

Qu'il est doux de dire en aimant,

Je suis sûre de plaire,

De faire

Un époux d'un amant !

Nous aurons pour Loix nos desirs :

Pour nous l'hymen est l'amour même.

Nœuds pleins d'attraits, enchaînez ce que
j'aime

Dans le sein des plaisirs.

Nous vivions exempts des atteintes

Du soupçon qui trouble les cœurs :

Jamais de feintes,

Jamais de plaintes :

Des jours pleins de douceurs.

Un Dieu paisible

Tendre & sensible

Les sémera de fleurs.

Survient *Dorval*, justement comme elle finit ;

Scène II.   *Lucile!* Non , jamais je ne vous vis si belle !

lui dit-il, en l'abordant. *Lucile* répond modestement ,

Le bonheur embellit..

Dorval, l'inimitable *Dorval* , ajoute soudain , pour nouvelle ,

. . . . . . ! . . Vous allez être à moi ;

il en doute cependant , car il s'écrie ,

Ah ! n'est-ce pas un songe ? A peine je le crois.

Il falloit qu'il se fût passé bien des choses que nous ne savons pas , pour le jetter dans une si étrange perplexité. Tout ce que l'on sait, c'est que la future , toujours de bon accord , se contente même du songe , & répond avec précision :

L'illusion seroit bien douce !

Dorval ne laissera pas le vers à moitié,
il le finit aussi-tôt par une antithèse.:

Et bien cruelle !

Lucile, sans s'émouvoir , a beau ajouter ,

Raffurez-vous.

il faut que ce *Dorval* soit sorcier.
Voici ce qu'il dit :

L'excès de ma félicité ,
Sa douceur , sa tranquillité ,
Me semble si peu naturelle ,
Qu'à mon réveil j'en ai douté.

Après cela il faut qu'il chante , pour
s'étourdir sur ses preffentimens ; &
ce réveil qui l'a si fort contristé, se
décrit ainsi.

A I R :

Quel réveil ! Quel *enchantement* ! &c.

Il vous fera facile de connoître , par

ce seul vers, comme cette Ariette
vient à popos. Tout le reste de cette
scène est dans le même goût. Il faut
cependant remarquer que *Dorval*
est un homme qui songe à tout. *Lucile* n'est point coëffée à son gré ; il
recommande à *Julie* d'élever une
boucle, d'ajuster une fleur qui n'est
pas bien placée.

Elevez cette boucle, & cette fleur aussi.

Ah! Monsieur, que cette attention
est philosophique ! qu'elle peint bien
la nature ! & quelle nature, grands
Dieux !.... Quittons cette scène ;
car elle sent l'ambre à entêter.

Scène III. Vous allez voir dans la troisième,
Monsieur *Timante* en robe de chambre. Sur le théâtre on aime les ta-
bleaux ; en voici un en bonnet de nuit.
Toujours des complimens très-sim-
ples ;

Bon jour mes enfans.

à ces mots, *Lucile* se leve : je ne sais
si ce n'est avant ou après que la boucle a été racommodée ; je croirois
cependant , quoi qu'en disent cer-
tains graves Auteurs , que c'est avant,
car *Lucile* s'écrie avec trop de préci-
pitation ,

Ah mon pere !

pour avoir donné le tems d'achever.
Ce cri de surprise si naturel , est
suivi d'un ordre précis de rester à sa
place.

Demeure, la toilette est un grave mystere
Qu'il ne faut point troubler.

On dit que le Parterre a beaucoup
applaudi cette Sentence ; mais comme je suis un Historien fidele , je
vous dirai que les plus jolies femmes
qui étoient dans les loges , en ont été

scandalisées. Vous en devinez facilement la raison : c'est dire une injure à Hébé, que d'ériger sa toilette en *mystere*. Mais il faut l'excuser, le bonhomme n'y entend pas finesse, ni son gendre futur non plus. Le reste de la conversation se passe en excuses bourgeoises. *Dorval* qui a la conscience délicate, *auroit dû*..... voir sans doute le pere avant la fille ; mais Monsieur *Timante* passe pardessus tout, &, après quelques rotondités, il chante une Ariette qui devoit venir, car c'étoit son tour à chanter. Cette Ariette n'est pas mauvaise, mais point nouvelle ; elle est de la philosophie du vieux tems. Ce qui suit est amené d'une étrange maniere. Croiriez-vous que pour débiter un lieu commun, on interrompt le discours pour demander à *Dorval* si son pere est levé ? *Dorval*, en homme qui ne veut pas mentir, répond *je ne fais*, & tout d'un coup part, comme un éclair, cette tirade dont vous penserez ce qu'il vous plaira :

TIMANTE.

La noblesse
Est pareffeuse en tems de paix.
Ce n'est pas un reproche au moins que
je lui fais :
Car je voudrois que la molleffe
Fût le prix des travaux guerriers;
Et je respecte la vieilleffe
Qui repose sur ses lauriers.
Le voici, la fanté brille sur son visage.

Rien cependant n'étoit plus inutile que ce brevet d'indulgence; *Dorval* _{Scène IV.} pere, s'étoit sans doute levé de bon *

---

* Il est à croire aussi qu'il avoit fait plusieurs campagnes où il s'étoit distingué; autrement, pourquoi célébrer son repos?

matin, ou du moins il vient très-à-
propos, quand on l'acheve. [Notez,
je vous prie, que, de compte fait,
voilà deux robes de chambre & deux
bonnets de nuit sur la scène]. Que
vient-il dire?

J'ai bien dormi.

Le Public a dû être flaté de la confidence, comme vous voyez. Il paroît
cependant que le Seigneur *Dorval*,
n'est pas encore bien éveillé, car il
fait des questions d'un homme qui
dort debout. C'est dans cet esprit
qu'il demande aux jeunes gens,

Hé bien, mes enfans, êtes-vous
Bien d'accord, bien sûrs l'un de l'autre?

L'interrogation est aussi à propos

Quant au fils, nous n'osons en faire un
Militaire; nous attendons, pour en être assu-
rés, qu'il nous montre son brevet.

qu'elle est harmonieuse & les vers
bien frappés. Pour achever la stance,
il se tourne du côté de *Timante*, &
lui dit assez bonnement :

Timante, ils ont leur tour ; nous avons
eu le nôtre.

Comme on ne fait que voltiger, le
tour de *Lucile* vient ensuite, & par
étonnement on s'écrie :

DORVAL, *pere.*

Mais Lucile est éblouissante.

Après cette affirmation, vient une
autre question de *Timante*, des
mieux placées. Il falloit une rime à
ce vers, & le génie du Poëte lui fournit aussi-tôt,

TIMANTE.

La trouvez-vous *appétissante* ?

Il faut convenir que toute cette fa-

mille eft d'une délicateffe inconce-
vable. *Dorval* pere, je ne fais pourquoi, tombe tout à coup dans le
remord :

Pardon, j'ufe déja du droit de pere,

dit-il à *Lucile*. Mais qu'avoit donc fait
de fi terrible le bonhomme, pour en-
treprendre de s'excufer ainfi? L'Auteur m'en fera peut-être part un jour,
& je vous l'apprendrai. Pour vous,
Monfieur, j'efpere qne vous me par-
donnerez facilement de paffer fous
filence le refte de la converfation.
J'en viens au déjeûné, car il y en a un.
Le bonhomme *Timante*, dans
l'excès d'un tranfport de groffe joye,
demande à déjeuner, à peu près
comme le Chanoine Evrard * ; il fon-
ne, qu'on apporte

Du thé, du vin de Rota.

---

* Dans le Lutrin.

Et pourquoi cela ? pour finir par une
gentilleſſe, & dire encore très-phi-
loſophiquement,

> Mocquons-nous de l'étiquette
> Et du ſot qui l'inventa.

Je ne vous dirai point ce qu'on a ſer-
vi, mais je pourrai vous rendre compte de ce que l'on a dit. On a d'abord
mis en avant une Ariette digne, à la
vérité, de figurer dans un mince dé-
jeuné. Il faut avoir l'eſprit bien gai,
pour commencer à chanter ainſi l'eſ-
tomach vuide. Les diſcours qui oc-
cupent tout le tems, ne le ſont pas
moins; du verbiage, du verbiage,
& puis c'eſt tout. Je n'aurois jamais
cru qu'il fallût ſe mettre au tout
d'une table pour débiter des préceptes qu'on peut trouver partout *.

---

* On ne ſauroit accuſer le Muſicien de la
même ſtérilité. La délicateſſe, le naturel,

DORVAL *à son fils.*

Sois galant avec ta femme.

TIMANTE *à Lucile.*

Sois douce avec ton mari.

Qu'il life au fond de ton ame.

DORVAL.

Qu'elle regne fur ton ame ;
Qu'elle en foit l'objet chéri.

---

le jeu & la variété qu'il a mis dans ce quatuor , prouvent plus que jamais combien la
mufique eft indépendante des paroles , puifqu'elle fait oublier à la repréfentation l'infipidité des préceptes. C'eft dans cette confidé-
ration qu'on entend toujours avec plaifir ce
quatuor dont les parores font on ne peut pas
plus froides. Ces fortes de morceaux ne font
deftinés qu'à peindre les paffions, & même les
paffions quand elles fe combattent. Ici , ce ne
font point des paffions ; chacun eft d'accord.
Mais j'en reviens toujours à dire que cette
faute même fait fentir toute la force du
génie du Compofiteur.

TIMANTE.

TIMANTE.

Qu'il en soit l'objet chéri.

DORVAL.

Sois libéral.

TIMANTE.

Sois ménagere.

DORVAL.

Jamais trompeur.

TIMANTE.

Jamais légere.

Suis ses penchans.

DORVAL.

Préviens ses goûts.

TOUS LES DEUX.

Ces soins touchans

Seront si doux !

C'est peu d'aimer , il faut lui plaire.

B

LUCILE & DORVAL *fils.*

Oui toujours je veux lui plaire ;
Et j'en fais mes soins les plus doux.

TIMANTE, *à Dorval fils.*

Elle est timide.

DORVAL *pere, à Lucile.*

Il est sensible.

TOUS LES DEUX.

Que l'amitié tendre & paisible ;
Avec l'amour régne entre nous.

DORVAL & LUCILE.

Que l'amitié tendre & paisible
Avec l'amour régne entre vous.

Ainsi se termine ce fameux déjeûné,
qui ne ressemble pas mal à ceux de
nos Chevaliers errans. Vous avez
peut-être déja dit cent fois en vous-
même, Monsieur, Eh! quand diah-

tre commencera donc l'intérêt? Un déshabillé, une toilette, des robes de chambre, un déjeûné, des fariboles..... Préparez-vous, Monsieur, aux grands événemens. *Viens Blaise,* *comme nous tu seras bien aise.* Remarquez que c'est *Timante* qui parle, car je pense que vous & moi ne nous mettrons pas de la partie. Le voilà donc introduit, ce tant desiré *Blaise!* Il sanglote en débutant ; personne cependant ne s'en apperçoit. Chacun parle à tour de rôle, & *Lucile* aime mieux paroître ne s'appercevoir de rien, que de laisser échapper ce noble compliment :

Dorval embrassez Blaise, il est de la famille.

Peut-on rien de plus convenable à l'état des choses! Quand je vous ai dit que tout le monde étoit sorcier

B ij

dans cette piéce! Quoi qu'il en soit,
l'aimable *Lucile* fait remarquer aux
Acteurs ce qu'ils ont déja vû :

Vous voyez, il est triste ; il a perdu sa
femme ;

C'est à nous de le consoler,

[Elle ne s'y prenoit pas mal, puis-
qu'elle vouloit le faire danser],
Blaise ne se paye pas de cela ; il veut
parler en particulier à *Lucile*. Quoi
qu'on en usât librement, comme
vous l'avez vû, dans cette famille, il
eût été mal-honnête de congédier la
compagnie ; aussi l'adresse de l'Auteur
brille-t-elle en cette rencontre. Un
Laquais survient, annonce du mon-
Scene VI. de, & Timante dit à sa fille de se
charger du soin de le recevoir, après
avoir oublié que ce *Blaise* si chéri,
demandoit un entretien secret; il en
apporte la raison, c'est qu'il va s'ha-

biller. Vous voyez, Monsieur, qu'on ne nous laisse rien ignorer que l'essentiel. *Lucile* quitte *Blaise* en lui disant qu'elle va revenir, & *Blaise* profite de sa solitude pour chanter Scène VII. une lamentation qui puisse donner à chacun le tems de faire ses affaires. Ah ! Monsieur, que l'art aide merveilleusement la nature ! Avec quelle finesse notre Villageois ne maudit-il pas sa défunte ! Avec quelle tendresse ne roule-t-il pas ces douces imprécations !

AIR;

Ah ! ma femme ! qu'avez-vous fait ?

Méchante mere !

De la misere

Voilà l'effet, &c. *

---

* Ici nouveau triomphe pour le Musicien, & même pour l'Acteur ; mais nous sommes

Il héfite ; il balance, il a un fecret
important à révéler, c'eft que *Lucile*
eft fa fille, non celle de *Timante*, &
fa bonne ame, après un monologue
auffi long que celui d'Augufte dans
Cinna, finit par fe décider pour fon
devoir. Je ne l'en blâme point, car
il falloit cela pour le jeu de la piéce.

Scène VIII.   *Lucile* revient enfin, après avoir
reçu & rendu les compliments de
toutes les carroffées ; *elle s'eft échap-
pée*, & quoique toute effoufflée d'a-
voir monté ou defcendu, elle a le
courage de chanter. Il y a apparence
qu'elle étoit fûre de la patience du
bonhomme *Blaife* & de celle de l'Au-
diteur piqué de fon peu d'empreffe-
ment, pour fçavoir d'auffi grandes

---

fâchés, pour le fieur Caillot, d'être obligés
d'avouer, que c'eft le feul morceau où il
peigne la nature, & paroiffe fentir le perfonnage qu'il joue.

chofes , que celles qu'on devoit lui
apprendre dans l'entretien particulier. On entre enfin en matiere , &
pour rabattre fa joie , fon Nourricier
lui dit tendrement ,

Et moi , Lucile , & moi , je viens vous
affliger.

Elle ne veut pas d'abord y entendre.
Il fe débite à cette occafion beaucoup
d'ambiguités , le tout pour développer un bon cœur. Peut-on en douter
après cette affurance.

Que ne vit-elle encore !.... [*Sa fœur
de lait*].

Ma maifon eût été la fienne ;

Et peut-être le même jour

Auroit vû fa nôce & la mienne.

Bons defirs inutiles, il faut en venir
à l'abordage ; ne penfez cependant
pas que ce foit fi-tôt : je paffe deux
pages pour en venir au fait. Le grand

mot est lâché ; *Lucile* n'est plus la fille
de *Timante* ; sa mere l'a substituée à
celle qui appartenoit à ce Seigneur ;
elle l'a avoué en mourant à son mari ;
Lucile a répondu, *qu'entens-je? Blaise* a dit qu'il en étoit bien fâché ; il
veut se retirer, sa fille le retient,
elle ne compte plus sur personne :

Quoi! vous m'ôtez mon seul appui!

Il faut que son pere au moins lui en
tienne lieu ; l'idée de *Dorval* vient
un peu tard ajouter a son émotion :
mais elle a mieux aimé faire la fille
forte que de paroître trop tendre.
Vous conviendrez, Monsieur, qu'on
ne s'attendoit pas, de sa part, à tant
de générosité ; mais telle est son
caractere.

*Et jusqu'à je vous aime, on dit tout froide-
ment.*

Blaise n'ayant plus rien à faire veut
encore s'en aller ;

LUCILE.

Ne vous éloignez pas.

BLAISE.

Ma fille, j'attendrai.

Lucile, pour finir la scène, assure le Parterre que son pere n'est pas homme à manquer de parole, ni elle fille à reculer :

Il attendra .... Je le suivrai.

Cette belle enfant est à présent toute seule. Elle avoit ses raisons Scène IX. sans doute ; pour moi je n'en vois pas d'autre, que celle d'en revenir à son premier métier, de chanter. Vous penserez certainement tout le contraire de Boileau * ; vous direz

---

* Boileau dit un jour à une Demoiselle, qui avoit l'haleine très-forte, & qui venoit

B v

que l'air eſt bon, mais que les paroles n'en valent rien :

AIR :

Au bien ſuprême

Hélas ! je touchois de ſi près !

O toi que j'aime,

Tu m'adorois.

Le charme ceſſe,

Et ne me laiſſe

Que les regrets.

Sans réſiſtance,

Quittons l'objet de tant de pleurs... ;.

Vaine conſtance !

Je ſens que je me meurs.

Vous croirez ſans doute que c'eſt bien
aſſez de ce que vous venez de lire : le
poëte n'en a pas jugé de même ; il a

---

de lui chanter une chanſon : *les paroles ſont
tres-jolies , mais je trouve que l'air ne vaut
pas le diable.* Saint Marc.

renforcé cette Ariette d'un Duo *
foporatif entre *Julie & Lucile*, qui
finit à un Trio qui tombe tout à fait
dans le léthargique. Dans ce Trio
Dorval, à qui la Soubrette demande,

Eſt-ce vous qui cauſez ſes larmes !
Venez la voir dans la douleur.

répond, avec une véhémence qui
vous touchera ſans doute.

---

* Pendant le Duo, Lucile arrache ſes
diamans & dérange la boucle & les fleurs
que Dorval avoit pris ſoin de faire ſi bien
arranger. On ignore ſi ce dérangement de
toilette, qui eſt aſſez pathétique, eſt de l'invention de l'Actrice ou du Poëte. On ſoup-
çonne cependant que c'eſt l'Actrice qui l'a
imaginé ; car le Duo n'annonce rien qui ait
trait à cela : il faut même que *Dorval* n'en
ſache pas plus que nous, car lorſqu'il vient
miauler avec elle, il ne lui en dit pas un
mot.

Quoi ! Lucile est dans la douleur !

Et moi, jai pû lui causer ses larmes !

Après cela, tout n'est que larmes,

LUCILE.

Laissez-moi cacher mes larmes.

DORVAL

Ai-je pû causer vos larmes ?

Et puis, de désespoir, l'Amant désolé
se prosterne aux genoux de *Lucile*,
en lui chantant éloquemment :

Voyez à vos genoux,

Un Amant, un Epoux.

Daignez le voir, daignez l'entendre.

C'est un Amant, c'est un Epoux

Fidele & tendre.

Lucile est trop bonne pour le laisser
long-tems dans cette posture ; elle le
fait relever avec une exclamation
qui étoit indispensable :

Dorval à mes genoux !
Ah ! levez-vous,
Eloignez-vous.

Elle finit en lui difant, fans s'expli-
quer davantage, que le *nom d'A-*
mant, *le nom d'Epoux ne leur con-*
viennent plus. Il feroit affez naturel,
& même abfolument dans l'ordre des
paffions, que *Dorval* demandât à fon
Amante la raifon de ce changement.
Hélas ! il n'y fouge feulement pas ;
mais il a un autre *hélas !* bien plus
preffant à dire :

Hélas ! encore à l'inftant même
Ces noms pour nous
Etoient fi doux !

Vous vous impatientez fans doute,
Monfieur, de les voir fi longs à s'ex-
pliquer : vous n'êtes pas encore au
bout ; il y a encore plus d'un tiers du

Trio à essuyer, sans être plus avancé.

Des lieux communs, des agios de la
derniere insipidité, terminent cette
scène larmoyante. Le doucereux
Dorval voit disparoître sa Maîtresse
qui, sans doute, va se rafraîchir après
les fatigues de sa longue kyrielle. Il
demande à *Julie* le sujet du trouble
qu'il a remarqué ; *Julie* lui répond
que sa Maîtresse n'a vû que *Blaise* ;
dans l'instant *Dorval*, comme bon
Logicien, conclut que *Blaise* lui a
joué un mauvais tour ; il veut le voir :
malgré cela il a un impromptu à
faire ; admirez la force de ce Monologue.

Scène XII.

Scène XIII.

Oui, quelqu'un m'aura noirci.

On a mille envieux le jour que l'on se
marie.

Blaise aura recueilli quelques traits de
l'envie ;

Mais je vais en être éclairci.

Je n'ai pas besoin de vous faire fentir qu'une pareille gentilleffe eft affez déplacée, mais tout eft gentil dans la piéce, & les circonftances les plus fâcheufes ne font pas capables de faire déroger à ce coloris. Ecoutez à préfent l'interrogatoire de *Blaife*.

Lucile étoit heureufe avant de l'a-Scène XIV. voir vû, elle n'a vû que lui, donc c'eft *Blaife* qui eft venu troublé la fête. Il répond à cela, *qu'il a fait ce qu'il a dû*. L'Amant inquiet veut en favoir davantage,

> Ce que vous avez dû ! fans doute
> C'eft du mal qu'on a dit de moi ;
> Que vous croyez vous-même, & que
> Lucile écoute.

Vous remarquerez, je vous prie, qu'il faut avoir bien mauvaife idée de fa perfonne, pour s'attacher tout d'un coup à de pareils foupçons. Un

homme qui ne voudroit point amu-
ser le tapis, iroit d'abord au but ;
Dorval n'est point de cette humeur :
c'est bien la meilleure pâte de miel
qu'on puisse voir ! on le désabuse ;
on lui fait connoître qu'il a tort de
s'effaroucher si vîte, que tout le monde le révére, & qu'il a manqué à
tout le monde, en pensant qu'on
pût en dire du mal ; & pour le rassu-
rer entierement, on lui décoche ce
compliment :

A Lucile du mal de vous !

Elle n'en croiroit pas son pere.

Le moyen de n'être pas tranquille
après cela ? *Blaise* n'a-t-il pas trouvé
une jolie tournure pour dissiper les
craintes du trop crédule Amant ? *Elle*
n'en croiroit pas son Pere ! La bonne
Fille ! Ah ! Mesdemoiselles, si vous
aimez jamais des *Dorvals*, mocquez-

vous de tout ce qu'on vous dira , &
n'en croyez pas votre pere.

Blaise néanmoins continue toujours à faire le myſtérieux, l'un &
l'autre battent la campagne........
Effrayez-vous, Monſieur, & trem-
blez : *Dorval* s'échauffe à la fin , le
voilà qui ſaute à la gorge de *Blaiſe*,

> Par la mort !..... Il n'acheva pas,
> Car il avoit l'ame trop bonne.

Je ne ſais malgré cela ce qui en ſeroit
arrivé, quand *Lucile* ſurvient pour
mettre le holà :

> Modérez-vous , Dorval , & reſpectez Scène XV.
> mon Pere.

Ces mots produiſent en un moment
l'effet du *quos ego*.... Toute la cha-
leur de notre forcené s'éteint, & ſon
ame paiſible ne lui fournit autre
choſe que cette expreſſion d'étonnement,

Lui votre Pere!

Timante, que *Lucile* a amené en troupe, renforce.l'atteftation par ces obligeantes paroles, qui terminent le vers :

Il l'eft. J'en fuis au défefpoir.

Expliquez-moi, après cela, je vous prie, Monfieur, ce que veut dire un *qui* que *Dorval* lâche, ou ne fçait pas pourquoi ; je l'abandonue à tous les Commentateurs, qui travailleront indubitablement fur cette piéce, dans la poftérité. Ce *qui !* ifolé fait naître un vrai *qui proquo* de la part de *Timante*,

DORVAL.

Qui ?

TIMANTE.

Blaife en a *la preuve*, & je viens de la voir.

Sans doute qu'ils s'entendoient tous les deux ; en ce cas, peu importe que nous ne les entendions pas.

C'eſt ici ſur-tout que je rends juſtice à la fineſſe de l'Auteur. Il falloit que cette preuve qui n'a été vûe que de *Timante*, & qu'on laiſſe ignorer, fût une preuve un peu critique, puiſqu'on la dérobe aux yeux du Spectateur. C'étoit, il faut le croire, quelque ſigne ou envie que la femme de *Timante*, s'étoit vraiſemblablement bien gardée de donner à ſa vraie fille. *Dorval* enfin n'en peut plus douter. Sans ſonger à l'examen des preuves, il conſent à tout croire. Je ſuis un peu ſoupçonneux, Monſieur ; je ne puis m'ôter de l'eſprit que *Lucile* craignoit qu'il ne prît fantaiſie à ſon Amant d'en revenir à *la preuve* ; car auſſi-tôt que ce mot eſt lâché, elle ne ſonge qu'à s'enfuir :

Dorval, épaignons-nous une peine inutile;

Vous perdre eft un malheur; le fuivre eft mon devoir.

Adieu.

Alors *Dorval* eft au défefpoir :

Vous voulez que je meure ?

TIMANTE.

Quoi, ma fille tu veux nous quitter ?

LUCILE.

Tout à l'heure.

DORVAL.

Ah ! Monfieur, par pitié, daignez là retenir.

Ah ! pauvre Dorval, vous êtes un grand fot ! A-t-on jamais vu d'Amant s'adreffer à d'autres, pour ne pas laiffer échapper l'objet de fon amour ? *Par pitié!* Oui, Monfieur le galant, par pitié pour vous, nous n'en dirons pas davantage.

Lucile s'obstine à dire qu'elle s'en va , & elle demeure toujours sans qu'on fasse aucun effort pour la retenir. *Dorval* perd patience , il intercède *vivement* , comme vous allez voir , pour sa future ; auprès de *Timante.*

DORVAL, *vivement.*

Hélas ! c'est son mot favori :

> *Hélas !* c'est à présent qu'il faut vous souvenir
> De votre tendresse pour elle ,
> Vous l'avez tant aimée !

Dans ce moment survient un vent de bise qui glace le bonhomme *Timante* ; il a dû sûrement s'enrhumer en disant ce qui suit.

> Oui du fruit de mes soins
> J'allois jouir. J'étois si fier d'être son père !

Avec fa probité , Blaife me défefpere.

Quel apophtegme ! *Blaife* demande *pardon* ; mais le traître pinçoit fans doute *Timante* , car celui-ci s'écrie , comme un énergumene ,

Tu me fais bien du mal !

Blaife répond à cela , [encore un *hélas.*]

Hélas ! je le partage.

Apparemment qu'on les pinçoit tous deux. Quoi qu'il en foit , *Timante* eft défarmé par cet aveu :

Va , je ne t'en aime pas moins ;
Je t'en eftime davantage.

Toujours de la variété , toujours du jeu , toujours des nuances ! A préfent voici les réflexions , & fur-tout bien amenées , fans préjudice des louanges qu'on doit à l'efprit & au fentiment qui y régnent.

TIMANTE.

Mais moi, me voilà feul & dans l'afflic-
tion ;

Riche, mais bientôt vieux, délaiffé, fans
famille.

Blaife eft bien plus heureux. Il retrouve
fa fille,

Et fait une belle action.

Vous pleurez tous : *mon fort.vous touche
& vous afflige.*

Et bien ? Pourquoi nous affliger ?

A nous quitter, qui nous oblige ?

Si le fort eft injufte, il faut le corriger.

Lucile, laiffons dire Blaife ;

Comme nous qu'il foit à fon aife,

Et qu'il laiffe en paix mes vieux jours ;

Sois ma fille, je veux que tu le fois toujours.

Je vous avoue, Monfieur, que ces
amans font fort heureux de voir
Timante prendre fi galamment fon

parti. En vérité ces sortes d'impromptu sont impayables. C'est aux
petits Auteurs à ménager les grada-
tions, à développer les sentimens,
à suspendre l'intérêt, à conduire le
dénouement à son point; en un mot,
à écouter la nature, à la suivre dans
tous ses mouvemens, à la peindre
dans tous ses effets; l'Auteur Philosophe s'est ouvert une autre route : elle
doit être fort commode sans doute,
à en juger par la bonne grace avec
laquelle il y galoppe. Il semble qu'il
ait pris pour devise, ce joli vers digne de passer en proverbe;

Laissons dire les sots, le savoir a son prix.

Lucile, laissons dire Blaise;

C'est-à-dire, la raison & le goût
ont beau demander de l'exactitude,
des nuances, du coloris, des situa-
tions,

Lucile,

Lucile, laiſſons dire Blaiſe ;
Comme nous, qu'il ſoit à ſon aiſe.

C'eſt-à-dire, ne nous gênons point,
paſſons par deſſus tout, bouleverſons
tout, traveſtiſſons tout, moquons-
nous de tous, & ſi le ſage Critique
s'éleve contre nos licences, qu'il en
faſſe autant, s'il veut,

Comme nous, qu'il ſoit à ſon aiſe.

Ah! Monſieur ! Ce n'eſt pas moi qui
dis cela, c'eſt *Blaiſe & Lucile*, qui
répondent ainſi au diſcours de *Timante.* Dorval eſt auſſi d'avis de *laiſ-
ſer dire Blaiſe*, à un petit ſcrupule
près, c'eſt qu'il veut qu'on cache la
naiſſance de *Lucile*, afin que ſon pere
[qui étoit allé ſans doute ſe rendor-
mir] n'en ſoit point inſtruit. *Lucile*
eſt trop fiere pour conſentir à cela ;
elle veut abſolument qu'on l'en in-

C

forme ; la franchise de *Blaise* doit être la régle de la sienne. *Dorval* s'écrie, *je suis perdu !* Cette exclamation n'est comptée pour rien ; il n'y a peut-être même que le Parterre qui l'ait entendue : *Timante* se charge du soin de *ménager doucement,*

Et sa délicatesse & son étonnement.

Vous sentez que c'est de la délicatesse & de l'étonnement de *Dorval* pere, qu'il est ici question.

Vous allez voir à présent, Monsieur, par quel chemin l'insinuant *Timante* va parvenir à son but. C'est bien à cette occasion qu'on peut dire que tout chemin mene à Rome.

DORVAL, *pere.*

Scène XVI. Où sont nos jeunes gens ?

TIMANTE.

Paix, ils sont en dispute.

La querelle étoit intéressante, puis-
qu'on prend tant de précaution pour
ne pas la troubler : *paix :* je l'aurois
dit volontiers à l'Auteur, au sujet des
alibi-forains qu'il nous débite. Vous
sautez donc, quoique un peu tard,
que M. *Dorval* est un homme de
grande condition. Scudery, dans ses
Romans, tuoit les Princes, pour
débarrasser un rival; le Poëte, plus
Philosophe & par conséquent plus
humain, annoblit ses Acteurs pour
se débarrasser lui-même. *Timante*
explique le sujet de la dispute; elle
roule,

Sur un point qui touche vos pareils,
Au préjugé de la naissance,
Elle [*Lucile*] prétend que vous tenez.
Des ayeux dont nous sommes nés,
Vous n'avez pas, dit-elle, assez pris con-
noissance.

Dorval rejette cette vifion, qu'il a raifon de trouver déplacée, & par une furabondance de faveur, il attribue *tout le prix de la noblesse à l'habitude de penser noblement.* Vous ne blâmerez pas cette façon de penfer, mais elle a dans la circonftance un ton de pédanterie qui la dépare. *Timante* eft charmé de l déclaration ; mais vous ne le ferez certainement pas de ce qu'il ajoute, après que *Dorval* lui a dit [pour le confoler de n'être pas noble apparemment],

Et puis, n'avez-vous pas une place honorable,

Un état dans le monde, un bien confidérable ?

TIMANTE.

Et vraiment, c'eft avec fon bien,
Qu'un homme en impofe.
On croiroit que c'eft quelque chofe,
Et le plus fouvent ce n'eft rien.

Vous remarquerez , 1°. que la ré-
ponfe n'eft pas affez *ad rem* , eû égard
à ce qui précéde ; 2°, qu'il fe fait tort
à lui-même ; 3°. que cés deux vers,

> On croiroit que c'eft quelque chofe ,
> Et le plus fouvent ce n'eft rien.

font copiés de la Fontaine , & qu'il
n'étoit pas néceffaire de lire la Comédie de *Lucile* pour les favoir. On
pardonne cependant ce larcin , parce
qu'il eft philofophique. Autre bévue :
Dorval pere , prétend qu'on ne pu-
blie pas , dans le monde , ce que l'on
eft & d'où l'on vient ,

> Hé Monfieur ! dans le monde , eft-ce que
> l'on publie
> Qui l'on eft ? d'où l'on vient ?

Il a moitié raifon ; la vanité , quand
elle n'y trouve pas fon compte , eft
affez attentive à le taire , autant que

prompte à le faire fentir, lorfqu'elle
en eft flatée. *Timante* répond,

Tout fe fait.

Il a raifon. *Dorval* ajoute,

Tout s'oublie.

Il a tort. Je paffe brufquement au
Duo, car vous êtes étonné, fans doute, d'avoir été fi long-tems fans entendre chanter. Les deux bons pères
fe mettent en train, & cela pour
ne pas finir fitôt. Je fuis impartial,
Monfieur ; le Duo eft agréable, naturel : il faut cependant qu'il y ait
toujours quelque chofe qui cloche ;
on y trouve trop de répétition, & la
prolixité de la vieilleffe s'y fait fentir, malgré l'agrément de la mufique.
Après tout, j'en ferois content, s'il
conduifoit à quelque chofe, pour le
dénouement ; mais il femble que

cette opération soit pour l'Auteur, un autre nœud gordien. Il faut encore essuyer de nouvelles tournures. M. *Timante* ressemble à ces gens qui, voulant franchir un fossé, avancent & reculent vingt fois, avant de faire le grand saut ; c'est pourquoi il revient sans cesse à ses favoris, les lieux communs. Attendez-vous donc à une grande sentence : voici en deux mauvais vers ce qu'on a répété cent fois en prose. Il s'agit des Laboureurs, & M. *Dorval* avance sententieusement :

Moi, j'honore, quoi qu'on en dise,
L'homme de bien qui me nourrit.

Il n'est pas possible de s'y méprendre : l'homme de bien & le Laboureur, sont assurément synonimes.

Achevez donc, Monsieur Timante, *achevez donc :* c'est toujours M.

Dorval qui parle. Enfin *Blaife* eft
déclaré le pere de *Lucile* ; M. *Dorval*
s'écrie, *ô ciel !* *Timante* croit qu'il fe
dédit ; mais, en vérité il ne connoît
pas M. *Dorval*. Dans fon illuftre famille on n'a jamais reculé; nous lifons
de même, dans l'Hiftoire de fa Maifon, que *Dorval* II. eût le courage
de ne pas fe dédire, quoique fa Maî-
treffe accouchât d'un enfant qui n'é-
toit pas à lui, au milieu d'un bal qu'il
lui donnoit, la veille de fon mariage.
Ne foyez donc pas furpris, Monfieur,
fi à ces fimples paroles de

TIMANTE.

Faut-il congédier la fête ?

Un de fes defcendans répond avec
tant d'héroïfme :

DORVAL.

Non, mon ami, Blaife eft honnête ;
Et fa probité l'annoblit.

N'eft-ce pas là ce qu'on appelle tran-
cher admirablement toutes les diffi-
cultés ? Etoit-ce la peine , avec un
caractere auffi franc que celui-là , de
prendre tant de détours , pour vain-
cre

> Et fa délicateffe & fon étonnement ?

Faut-il congédier la fête ? Non, pa-
roiffez, belle *Lucile* ; vous vous ma-
rierez , puifqu'il en coûteroit trop
de renvoyer les violons. Je m'étonne
que le Poëte qui paroît fi jaloux de
rajeunir les anciens dictums , ne fe
foit pas avifé de celui-ci , qui auroit
délicieufement figuré : *le vin eft tiré ,*
il faut le boire. Plus je réfléchis fur
l'intérêt de cet heureux dénouement ,
plus je me rappelle ce vers dont j'ai
parlé ,

> Lucile, laiffons dire Blaife.

Lucile & *Dorval* fils écoutoient fans Scène XVII

C v

doute à la porte , car ils viennent , à point nommé , recevoir cet honnête compliment de la façon de M. *Timante* ,

> Venez , mes enfans ; la nobleſſe
> Avec nous , veut bien s'oublier.

Dorval fils , avoit apparemment perdu la ſienne , pendant que les deux vieillards étoient à jabbotter ; car enfin , pourquoi appliquer à tous les deux , ce qui ne convenoit qu'à la fille de Blaiſe ? J'en vois la raiſon : *Dorval* pere , avoit encore une * ma-

---

* On a condamné , dans les plus grands hommes , cette affectation de ſentences : il faut la pardonner aux Auteurs qui ne le ſont pas ; que deviendroient-ils ſans cela ?.... Il n'y a guere que les Ecoliers qui applaudiſſent aux ſentences dans une piéce dramatique , où tout doit être mis en action. Il y

xime dans fon porte-feuille, il falloit
la décocher au Parterre, on l'avoit
faite exprès pour lui :

Ce n'eft point fe méfallier,
Que d'admettre chez foi l'honneur & la
fageffe.

Qu'on eût été malheureux de perdre
un fi beau dire ! Qui ne fentira pas
toute la fineffe de cette précieufe
maxime ! Ceux qui y défireroient
plus de jufteffe & moins de fadeur,
font priés d'être plus indulgens : c'eft
la derniere qu'ils auront à condam-
ner ; je me trompe : il faut finir par
un éclair, & le démon familier de
M. *Dorval* ne s'oubliera pas en cette
occafion. *Mon ami*, dit-il à *Blaife*,
qui va être le beau-pere de fon fils,

---

a des fentences dans les piéces de Racine
mais elles ne font point fentence dans la
bouche du perfonnage.

Mon ami , trop heureux les hommes
Qui par le cœur font vos égaux!

Ah ! Maître *Blaife* , vous devez être
bien flatté ! A préfent vous voilà ,
comme nous , à votre aife ; tout eft
fini ; j'efpere bien qu'on ne vous re-
verra pas de fitôt, & que *vous laiffe-*
rez en paix nos vieux jours. N'oubliez
cependant jamais, Maître *Blaife* ,
le bonheur qui vous arrive, & le
compliment qu'on vous a fait : ne
dites plus fi plaintivement ,

Ah! ma femme! qu'avez-vous fait :

Méchante mere !

De la mifere

Voilà l'effet.

Laiffez plutôt dire à l'Auteur à fa
mufe :

Ah! ma mufe! qu'avez-vous fait ?

Méchante mere!

De ta mifere
Voilà l'effet.

Je pourrois aller plus loin, Monfieur ; mais il faut enfin que je m'ar-
rête. *Timante* m'invite à déjeûner :

Qu'on ouvre le Sallon, l'office & le buffet, Scène dern;
Qu'on déjeûne & qu'on danfe.

Ne trouvez-vous pas qu'il eft un peu
tems d'y fonger ? On auroit plutôt
dû commencer par faire allumer les
bougies. Je fuis levé depuis cinq
heures , pour voir commencer la
piéce, il eft huit heures du foir à ma
montre ; jugez fi je dois avoir appé-
tit. Convenez que, fi vous en ex-
ceptez quelques Acteurs favoris, le
Poëte laiffe long-tems fon monde à
jeûn : auffi la compagnie qui pefte en
bas, veut-elle s'aller coucher, après
un pareil déjeûné. Il y a même deux
groffes Campagnardes qui font tom-

bées en foibleſſe d'inanition. Danſera & entendra le Vaudeville qui
voudra.

Voilà, Monſieur, un détail qui
pourra vous donner uue idée du goût
qui régne à préſent. Je voudrois pour
l'intérêt de la Philoſophie., qu'elle
choiſît mieux ſon genre, ou qu'elle
le traitât du moins ſur un ton plus
digne d'elle. Tant que, ſous prétexte
de la rendre aimable & de la faire
goûter, on la fourrera à tort & à
travers dans toutes ſortes de produc-
tions ; tant qu'on ne verra que des
déclamations empoulées ou des piéces inſipides ; tant qu'on ne nous
donnera que des maximes, au lieu
de caractères ; de belles penſées, au
lieu de bonnes actions ; de foibles
agrémens qui éblouiſſent, au lieu de
l'intérêt qui attache ; tant que l'a-
meur de l'humanité n'exiſtera que

dans des Ariettes , & jamais dans la
pratique ; tant qu'on croira que de
minces brochures produiront des
sages , que de petits vers formeront
de grands hommes , que de froides
plaisanteries changeront les sots ; il
est à craindre que le genre humain
& la France sur-tout , ne retournent
à leurs anciens préjugés , & qu'on
n'en reste au milieu du beau chemin
que vous nous avez tracé. Ne vous
effrayez cependant pas pour le moment;lapiéce dont je vous parle en est
à sa dixhuitiéme représentation. Le
Public applaudit de la meilleure foi
du monde à toutes les fadaises qu'on
lui présente , & malgré le ridicule
de nos Don Quichotes en Philosophie ; il y a à peu près aujourd'hui
dans le monde autant de Philosophes , qu'il y avoit autrefois de Chevaliers errans. Tout ce que je crains,

c'est qu'il ne survienne un autre Mi-
guel Cervantès, qui ne gâte par un
coup hardi, toute la besogne. J'entends même des gens, qui tiennent
encore aux préjugés du tems passé,
s'écrier » mais que diable, toujours
» de la Philosophie & pas un vrai *

---

* Nous ne prétendons point parler sans
exclusion. Je sais qu'il y a de vrais Philosophes dans le sens que l'entend M. d'Alem-
bert, (qu'on doit placer à la tête de ce petit
nombre), lorsqu'il dit, » J'entends par ce
» mot *Philosophe*, ce qu'on avoit toujours
» entendu jusqu'à ces derniers tems, un
» Citoyen fidele à ses devoirs, attaché à sa
» Patrie, soumis aux Loix de la Religion
» & de l'Etat ; qui est plus occupé, suivant
» le principe de Descartes, *à régler ses desirs*
» *que l'ordre du monde* ; qui sans manége &
» sans reproche, n'attend rien de la faveur,
» & ne craint rien de la malignité ; qui cul-
» tive en paix sa raison, sans flatter ni bra-
» ver ceux qui ont l'autorité en main ; qui,

» Philosophe! Qu'avons-nous besoin
» de livres, si les hommes n'en de-
» viennent pas meilleurs? La Philoso-
» phie ressemble donc à la pierre phi-
» losophale ; tout le monde indique
» des moyens pour y parvenir, &
» personne n'a encore sçû réaliser ce
» merveilleux secret ». Je vous dis
ceci, Monsieur, en confidence, car
je serois bien fâché qu'on en vînt un
jour à vous reléguer parmi les zéla-
teurs du grand œuvre. Avouez que
vous auriez pris bien de la peine inu-
tilement , & qu'il faudroit dès à

» en rendant les honneurs légitimes & ex-
» térieurs au pouvoir, au rang, à la digni-
» té, n'accorde l'honneur réel & intérieur
» qu'au mérite, aux talens & à la vertu ;
» en un mot, qui respecte ce qu'il doit, &
» qui estime ce qu'il peut ». J'ajouterai, qui
ne prétend pas opérer de grandes choses
par de petits Opéra.

préfent commencer à brifer vos creu-
fets. Voilà ce que c'eft que d'avoir
à faire à l'efpéce humaine, elle applaudit par défœuvrement à tout ce
qu'on lui débite; mais, par bonheur,
elle n'a pas été encore au-delà du
babil. On jargonne du fentiment,
on vante les belles ames, & l'on ne
fonge guère à en devenir foi-même
une. Quand on repréfente vos piéces
de Théâtre, les beautés philofophiques y font toujours admirées, mais
toute leur impreffion fe réduit à faire
claquer des mains. Je vous dirai
même qu'à ces tranfports de philo-
fophie, fuccédent le plus fouvent des
traits qui ne font pas philofophiques.
Vous peignez, des plus belles couleurs, la générofité de Frehepport,
& on me vole ma montre au moment que je vous admire; vous célé-
brez l'agriculture & les Cultivateurs,

& un Seigneur bat devant moi, ſes Vaſſaux qui viennent lui demander leur ſalaire , pendant qu'il lit votre Epitre ; aux *Moiſſonneurs* , on ſême abondamment des épis ſur le Théâtre , & pas un Pauvre n'obtient un ſou du Spectateur qui en ſort ; depuis même qu'on a repréſenté *Lucile* , l'intérêt a fait rompre vingt mariages , malgré le bon exemple de M. *Dorval* , & ce qui doit vous piquer davantage , c'eſt que tous ces maux ſont réparés , par des êtres très-éloignés de penſer auſſi bien que vous.

Vous conviendrez , Monſieur , que ſi cela dure , tout eſt perdu. Il eſt à craindre que l'erreur ne reprenne ſon empire , tant que les ſots avec leur ſimplicité , ſeront plus utiles que les ſages avec toutes leurs lumieres. Enjoignez donc , je vous prie , à vos ſubalternes de mieux prendre leurs mesures. On aime la nouveauté, il est vrai ; mais quand elle demeure trop long-tems stérile, on retourne aux vieux usages, que l'expérience a déja consacrés. Qu'on ne fasse plus sur-tout des *Luciles* : ces sortes de niaiseries acheveroient de ruiner le régne philosophique. Tant qu'on se bornera à ces foibles res-sources, le Public sera forcé d'ouvrir à la fin les yeux, en s'appercevant qu'on le fait mâcher à vuide ; il arrivera que bien loin de se corriger par vos leçons, on dira de vous, comme des autres, *laissons dire Blaise*, & allons toujours notre train.

J'ai l'honneur, &c.

www.ingramcontent.com/pod-product-compliance
Lightning Source LLC
LaVergne TN
LVHW022015080426
835513LV00009B/742